I0185750

www.ingramcontent.com/pod-product-compliance
Lightning Source LLC
Chambersburg PA
CBHW020933090426
42736CB00010B/1123
9781990157202

|انتشارات انار|

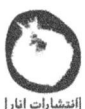

|انتشارات انار|

می‌زنم؛ لاف هم اگر نباشی!
هانا مهر
از شاعرانه‌گی‌های طنز ایران - ۱

این گریه ابر و خنده خاک
از بهر من و تو شد مرکب

انتشارات انار

می‌زنم؛ لاف هم اگر نباشی!
از شاعرانه‌گی‌های طنز ایران - ۱
شراینده: هانا مهر
دبیر بخش «از شاعرانه‌گی‌های طنز ایران»: فریاد شیری
مدیر هنری و طراح گرافیک: عبدالرضا طبیبیان
چاپ اول: تابستان ۱۴۰۰، مونترال، کانادا
شابک: ۹۷۸-۱-۹۹۰۱۵۷-۲۰-۲
مشخصات ظاهری کتاب: ۱۷۴ برگ
قیمت: ۱۱ £ - ۱۳ € - ۱۹ CAD $ - ۱۵ US $

نشانی: 746A, Plymouth Av., Montreal, QC, Canada
کدپستی: H4P 1B1
ایمیل: pomegranatepublication@gmail.com
اینستاگرام: pomegranatepublication

همه‌ی حقوق چاپ و نشر برای ناشر محفوظ است.
هرگونه اقتباس و استفاده از این اثر منوط به اجازه رسمی از ناشر است.

فهرست اشعار

برگ

در ایران می‌مانیم	۱۱
بیا دیگر	۱۳
آقای برادر!	۱۴
بالایی‌ها-پایینی‌ها	۱۶
گربه رقصانی	۱۸
قند باشی، من چای لطفاً!	۲۰
درد و درمان	۲۱
می‌شود، نمی‌شود؟	۲۳
هرگز نفهمیدیم...	۲۵
یاد دورهای گرم	۲۷
دریای تا همیشه ایرانی	۳۰
موضوع انشاء	۳۲
بچه‌های این دوره	۳۳
سومی‌ها	۳۴

نگرانیم یعنی هنوز نمرده‌ایم...	۳۶
برای تو	۳۷
آش، کاش!	۳۸
آن و این	۳۹
منظور شما نیستید: حتی شما دوست عزیز!	۴۱
همینطوری!	۴۳
می‌ترسم...	۴۴
دری وری	۴۶
بیانیه	۴۷
مسافر عزیز	۴۸
چند فصل	۵۰
باران بر سرت!	۵۲
کاش	۵۳
عید رطب‌های کال	۵۵
دیوانه‌ی دیوانه‌ی دیوانه	۵۷
هزار خم ارشاد	۵۹
خودش می‌داند...	۶۰
بازارررررررررررررررررررررررررر	۶۱
بیدارباش	۶۳
تاوان درخت‌کُشی	۶۴
خوش پخمه‌ها	۶۵
قسم به زمین و زمان برای اثبات موضوعی بسیاررررر مهم...	۶۷
ندارم گله‌ای	۶۹
تجارت با خدا	۷۰
رفیق ناباب	۷۲

۷۳	نامه‌ام چه شد؟
۷۴	رفتی در فهرست سیاه
۷۶	سهم آدم
۷۷	آرزوی سال نو
۷۸	بی‌مروت
۷۹	پیدایت نیست
۸۰	همیشه
۸۱	زخم معده
۸۳	نباید
۸۴	نیست که نیست
۸۶	خانه تکانی
۸۷	دسته گل
۸۸	چیزی در چشمت رفته؟
۸۹	یک کلاف نخ
۹۰	قضیه این بود...
۹۱	همه حق دارند
۹۲	کودکان کار
۹۳	دورَنِدگی
۹۵	پیاز... پدر!
۹۷	ناپرهیزی
۹۸	رژیم می‌گیریم آی رژیم می‌گیریم
۹۹	چه شد؟
۱۰۰	زیبای بیمار
۱۰۱	به ایران رسیدم
۱۰۲	شعرِ تر

۱۰۴	کمی بهار
۱۰۵	از تو به تو پناه می‌برم!
۱۰۶	سبزه‌ی زودرس
۱۰۷	دست مریزاد!
۱۰۸	تعبیر خواب
۱۰۹	تنگ و گشاد
۱۱۰	عشق میهن
۱۱۱	یک کارمند باادب و ناز
۱۱۳	امان!
۱۱۴	اعصاب ندارد!
۱۱۵	مسافر شمال
۱۱۶	یادت هست خدایا؟
۱۱۷	موضوع آن چیزی که فکر می‌کردی نبود!
۱۱۸	سبزه رو
۱۱۹	جنس گرویی!
۱۲۰	هدیه
۱۲۱	چه کارها که نکردی...
۱۲۲	آخخخ!
۱۲۳	زادروزت فرخنده باد!
۱۲۴	تصمیم
۱۲۵	نیایش
۱۲۶	اینجوری‌هاست...
۱۲۷	باز
۱۲۸	کله پاچه‌ی مردم
۱۲۹	هلو تَر!

استخاره	۱۳۰
واقعاً که!	۱۳۱
خوش به حال چشم خمارت	۱۳۲
شعری پر از پرنده...	۱۳۳
مطمئن هستی؟	۱۳۴
باز... نکن	۱۳۶
سکته‌ی ملیح	۱۳۷
مثل تو عالی	۱۳۸
نمی‌دانید که هستیم؟	۱۴۰
اخبار	۱۴۱
کوی کلاه مخملی	۱۴۲
راه انداختن سفری	۱۴۴
جاوید ایران	۱۴۵
زن پوشی	۱۴۷
ما همه ایرانیم!	۱۴۸
روغنفکری	۱۷۹
بس است دیگر	۱۵۱
فضای مجازی	۱۵۲
بافگردن	۱۵۴
دانش در جووووووو	۱۵۵
عاشق ایرانم	۱۵۸
از خود مایه بگذاریم!	۱۶۰
به نمک نشناسانی که مادر آزاردیده‌ی خود را لگدکوب می‌کنند...	۱۶۱
شاد نوشته‌ی نوروزی	۱۶۳
بد خط...	۱۶۵

رفتی یا میری یا چی؟	۱۶۷
خودت یه کاریش بکن!	۱۶۹
عشق یعنی	۱۷۰
چارشنبه سوری	۱۷۱

در ایران می‌مانیم

نمی‌توانم ازین مِهر بگذرم که منم
نمی‌شود که شکوهش بیفتد از دهنم!
سکوت کردم و دیگر بس است خاموشی
زنم به ارتشِ دریا دل و صدف شکنم!
اگرچه تلخ و سیاهست آنچه بر من رفت
نرُست هیچ علف هرزِکین به باغ تنم!
به جرم اینکه زنم زیردست و خوار شدم
ولی به وقت بلا ناجی زمانه منم!
شرف فروش و ریا پیشه و نران بسیار
چقدرکم شده مرد شریف هم‌وطنم!

نخوانده هیچ‌کسی غم ز دیده‌ام؛ اما
همیشه زل زده بر درزهای پیرهنم!
اگرچه کم نکشیدم ز چنگ روباهش
نمی‌توانم ازین شیر بیشه دل بکنم!
مهاجرت گره از کار من یکی نگشود
تمام لای و گِل میهنم، گُل و چمنم!
درون کاسه همین آش و کاسه هست همین
به هرکجا بروم نقل و حرف انجمنم!
نمی‌شود بِکنم دل ز خانه‌ام؛ بروم
نمی‌توانم ازین عاشقانه دم نزنم!

بیا دیگر

بیا،
مانند یک تصویر در گودال آب
بیا،
مانند یک رویا، شیرین توی خواب
بیا،
اینجا هوای شعر سرد است و خراب
من تو را کم دارم ای گلواژه‌ی یک شعر ناب!

آقای برادر!

پیرهن حوصله تنگ است برایت
پارچه راکم نخر اینبار، برادر!
اینهمه نَشکاف دل خلق خدا را
گَز بکن، اندازه نگه‌دار، برادر!
نیش زبان سوزن و قیچی‌ست مرامت،
کوک نزن کله به دیوار، برادر!
پاره نکن توری درخواست مردم
دست ازین حاشیه بردار، برادر!
دکمه نمانده به کُتت، بسکه پریدی
پاره شدت خِشتک شلوار، برادر!

عالم و آدم به فغانند ز دستت
کفش و کلاغ و نوکِ پرگار، برادر!

بالایی‌ها ـ پایینی‌ها

ما اهل کتاب اینجا، پایین هِرم هستیم
نادان و نظرکرده، اُشکوبه‌ی فوقانی!
خم شد کمر مردم در برف گرانی‌ها
ای‌کاش خبر آید: شد موسم ارزانی!
دیوار وطن کوته، دست تو دراز اینجا
هیچت نبُود شرم از آن هیکل طولانی؟
هر نام کسان دارد معروف به خوب و بد
یک بابک خرمدین، یک بابک زنجانی!
حسرت به دل ما شد، یک لحظه نیازارد
اخبار بد و منفی ما را به پریشانی!

پُر ریگ شده اینجا هم گیوه و هم گالِش
دمپایی و کفش و هم، نعلِ سُم قربانی!
خرج شکم و پوشک، شد قاعده‌ی موشک
یارانه ندارم هم، چون بیمه‌ی درمانی!
خالی شده هم سفره، هم دست، وَزان بدتر،
افسوس که بیرون شد سرمایه‌ی انسانی!
ای دزد دگر بس کن تا کی ستم و غارت
بشنو که چه می‌گویم: سخت است پشیمانی!
هم از دَکل نفتی هم از حق درویشان
سهم است غریبان را، هم فاسد و هم جانی!
آزاد و خوش و خُرم گرگان فرومایه
چوپان امین اما، شد بَندی و زندانی!
ما نام نیاوردیم از آنکه چنین کرده
زانرو که همانست او، هم آنکه تو می‌دانی!
موضوع دعا باشد هم امشب و هم فردا
دستی نرسد هرگز بر تیشه‌ی ویرانی !

گربه رقصانی

صدای سوت قطار و گپ مسافرها
نگاه‌های پُر ابهام و سرد عابرها!
صدای خنده و بوسه، سکوت اشک‌آور
نثار دسته‌ی گل، در دقیقه‌ی آخر!
صدای همهمه‌ی کارمند و بازاری
«همیشه نامه بده» جمله‌های تکراری!
عبور باربر و چرخ و کیف رودوشی
حضور ویژه‌ی سرنیزه‌ها و سردوشی!
«برو سفر بسلامت، خدا به همراهت»
نگاه پر معنا، روی صفحه‌ی ساعت!

کتابهای مقدس، دعای زیر لبی
لگد زدن به شما درکمال بی‌ادبی!
در ایستگاه شلوغی که گربه می‌رقصد
کسی نمی‌رسد به گرد پای آن مقصد!

قند باشی، من چای لطفاً!

امروز چای کهنه جوش خاطرات بَد
در قوری شکسته‌ی قلبم کشید دَم
باز از تفاله‌ی غم آن روزهای شوم
تلخی به کام من نشست و کله قند هم
لرزید دست استکان چای و شست را
زد بر کمر و نعلبکی، پشت کرد خم
تشخیصِ دیر از سر ناپختگی نبود،
قند و شکر سفید و سپید است رنگِ سَم!

درد و درمان

یکبار هم نشد بشود رفتن تو دیر
تنها امید و دلخوشی‌م را ز من مگیر!
دوران برده‌داری انسان سرآمده
من شاکی‌ام هنوز؛ مرا کرده‌ای اسیر!
هی جوش می‌زنم که نجوشد دوباره اشک
از غصه بر جوانه‌ی عمرم نشسته تیر!
آنقدر رفته‌ای که بخاطر نمی‌رسی
کی بوده‌ای، کجا، چگونه گشت، زود، دیر؟
از ناز کردنت دل من قهر کرده‌ست
نبضش نمی‌زند، شده تودار و گوشه‌گیر!

موی سپید را که تو تحقیر می‌کنی
روزی سیاه‌تر ز رطب بوده: همچو قیر!
شورست آنقدر که کسی لب نمی‌زند
آشی که پخته‌ای تو برای جوان و پیر!
نان بیات عهد تو، پایین نمی‌رود
با آبروی رفته‌ی مردم شده خمیر!
دیگر تحملم به سر آمد بگو چه وقت
آن روز می‌رسد که شوی از شکنجه، سیر؟

می‌شود، نمی‌شود؟

راه گلوی بسته‌ی ما وا نمی‌شود
دیروزها نرفته و فردا نمی‌شود!
انگار خستگی شده مهمان هر شبه
مردم نشسته‌اند، کسی پا نمی‌شود!
هرکس برای خود غُرولند و شکایتی
در حیرتم چرا من و تو ما نمی‌شود؟
این خشک مغزی است که آتش به جان زده
از شعر تَرکه هیمه مهیا نمی‌شود!
با اهرمن نمی‌شود ازعشق نکته گفت،
کرباس زَفت، اطلس و دیبا نمی‌شود!

باید که دیو رانده شود، حرف حافظ است
با بودنش فرشته هویدا نمی‌شود!
هرجا که جاگزین خرافات شد خرد،
دیگر بساط شعبده برپا نمی‌شود!

هرگز نفهمیدیم...

این نفت دشمن بود؟ یا دوست یا نعمت؟
ملی شدن جشن است؟ یا ماتم و حسرت؟
دکتر مصدق بود، عکسش سر دیوار
جاوید او یا شاه؟ تصمیم بس دشوار!
از توده یا مردم یا انگلیسی بود؟
شلتاق شعبان هم از کاسه لیسی بود؟
شد خانه‌اش غارت، تبعید شد فردا
ده سال در مِلکش دور از همه دنیا!
روباه پنهان شد در بیشه‌ی شیران
صد حیف این کشور شد کلبه‌ی احزان!

تا هست نفت و گاز، این خطه غم دارد
مردان فرزانه، افسوس کم دارد!

یاد دورهای گرم

ظهرها تابستان دل من می‌گیرد
کاش می‌شد این دل
بازکودک باشد!
یاکریمی بکند باز دعا از ته دل
خواب زوری هر ظهر؛
امر بی‌شک باشد!
کاسه‌ی دوغ لعابی و چنار و لب بام
قصه از دوستیِ
باخه و لک‌لک باشد!
پنکه‌ی سقفی ایوان بکند باز صدا

غصه‌ام، داشتن
چند عروسک باشد!
مادرم شاد و جوان باشد و زیبا
و دلم، خوش به نامیده شدن:
"موشِ وروجک" باشد!
مادر مادری‌ام سالم و با چشم درست
در پی دوختن منجق و پولک باشد!
بین گلها بدوم هیچ نباشد خبرم
آرزویم همه: یک لوله لواشک باشد!
بار آلو برسد، دور بساطش بدوم
سینی مس، پر شیرینی و پشمک باشد!
جمعه مهمان برسد، شادی عالم به دلم
با ورود سحر و آذر و ماهک باشد!
هیچ از دشمنی و مرگ نباشدخبری
در نهایت، کتکی یا دو سه شکلک باشد!
پفک و یخمک و نوشابه برای همگی
شادی و بازی بی‌دستک و دُمبک باشد!
سفره‌ای پهن پر از رنگ و لعاب و مزه
قرمه‌سبزی وسط آنهمه بو، تک باشد!
نشود پرت و پلا باز حواس دایه
ظرفها لب نَپر و شُسته و بی‌لک باشد!
خواهر کوچکم آنجا بنشیند، لب حوض
تشنه‌ی بوسه‌ی یک ماهی کوچک باشد!
باز تابستان است،
دل من می‌گیرد... و به من می‌گوید

که دلش می‌خواهد،
باز کودک باشد،
باز کودک باشد،
باز کودک باشد!

دریای تا همیشه ایرانی

دریای پارسی تو و دیگر تُرا نبود
نامی و یادی و لقبی و عبارتی!
پُر خاک آن دهان پلیدی که او ترا
خوانَد بنام دیگر و وَرزد جسارتی!
تا آسمان به پا و زمین است در جهان
دریای پارسی تو به هر شکل و حالتی!
هرچند دلبرست؛ سر و روی آبی‌ات
می‌افکند به جانِ بدی خواه، وحشتی!
آن‌روز هرگزش نرسد دشمن زبون
در چنبر آورد بدنت، مار لعنتی!

ای اشک چشم ایزدان آریامنش
با خون خود ادا کنمت وام قیمتی!
ای گوهر یگانه‌ی ایران زمین ما
آرام باش و دور ز هر موج زحمتی!

موضوع انشاء

همه آجیل می‌خرند و نبات
شمع و شیرینی و گل و شکلات
من به دنبال کاغذ و دفتر
ورق و برگه و کتاب و دوات
خرج و بَرج و هزینه‌ها بالاست
کیش شاعر به این سبب شده مات
گفته‌اند: علم بهتر از ثروت
هر که گفته‌ست؛ به روحش صلوات!

بچه‌های این دوره

زنگ گوشی همراه،
جاگزینِ لالایی
بچه توی گهواره،
کار او تماشایی
جای گفت‌وگو کردن،
در سکوت و تنهایی،
می‌زند پیامک با مادرش به شیوایی:
«از اتاق پهلویی،
پیش من نمی‌آیی؟»

سومی‌ها

در جهان اول و دوم خدایا؛ حالِ خوش،
در جهان سوم اما،
چیست جز جنگ و
نفاق؟
جمله نعمت‌ها بر آنان کرده‌ای تام و تمام،
با جهان آخری‌ها، نیستی اما
ایاق؟
این همه آدم همه درحال چرخش دورِ خود،
تا کی آخر می‌مکند از ظرف اِطعامت
سماق؟

زودتر تکلیف ما را هم بکن روشن، خدا
خسته‌ایم از انتظار لطف تو کنج اتاق!
طالع ما را ببین و دست کم حتی شده،
توی خواب خود بگیر، از سومی‌ها هم سراغ!

نگرانیم یعنی هنوز نمرده‌ایم...

بیا نگران باشیم...
بیا نگران باشیم...
از بغض کودکی در دکان نانوایی، سرقت شمع امیدِ کسی، از جایی...
نمایش عادی دردِ یک انسان، کنار تبلیغ یک خمیردندان...
از تاراج گنجهای باستانی، هجرت قلبهای ایمانی، قهرواژه‌های ایرانی...
نگران هستی اگر،
یعنی: «هنوز می‌خواهی آدم بمانی!»

برای تو

خانه‌ی قلبت پر از شادی بُوَد
غرق در احساس آزادی بُوَد
از ته دل باد هر گل خنده‌ات،
نور باران طالع فرخنده‌ات!

آش، کاش!

از صبح می‌پرد چشمم،
خبری برسد شاد
ای‌کاش...
مثلاً به بهانه‌ی نذری،
تو بیایی
با کاسه‌ای آش!

آن و این

این یکی نامه فرستاد که خواندن دارد
تو ولی بسته دلت در گرو نامه‌رسان!
این یکی میوه‌ی شیرین به سرشاخه‌ی دل
ولی افسوس؛ نگاه تو به کال است و گسان!
این یکی یاور همراه تو در شادی و غم
تو ولی یاد مکن از وِی و شر هم مرسان!
حرف آخر به تو اینست: خداحافظ!... چون
تویی از تیره‌ی چَلپاسه و ماران و خسان!
هرگز از طایفه‌ی شورفروشان جهان
شهد و شکر نفروشند به مسکین مگسان!

تو به حق نمک و نان بِکش از *آن*‌ها دست
خیر اموات قشنگت؛ کَمکی *این* برسان!

منظور شما نیستید: حتی شما دوست عزیز!

زندگی کشت مرا، می‌کُشمش باور کن!
هرچه گفتم که پُرم، گفت: کمی جا داری!
خبر دزدی و زندان و مکافات و بلا
می‌رسد از همه جا با همه دعوا داری!
لطف کن اینهمه جود و کرم و لطفت را
بذل کن جای دگر اینهمه جا ما داری!
یک دوجین کشور و آدم دم دستت موجود
چه پدرکشته‌گی آخر دَده با ما داری؟
هرزه گردی تو و معلوم شد از رفتارت
مشکل جدی و هم دغدغه‌ی جا داری!

دو سه روزی‌ست که گوش همه شیطانها کر
نزدی گند به جایی و ماشالا داری!
کار مردم شده نفرین به تو هر شام و ناهار
چه امیدی تو ازین شام به فردا داری؟
زیر میزی تو بگو ما چقدر لطف کنیم
چقدر سفته گرفتی، طلب از ما داری؟
جابجا نقش خرابست که بر خشت زدی
چه کسی گفته که تو واله و شیدا داری؟
نکند دور از جان باز تعارف بکنی
تو نظر بر همه چیز وطن ما داری!
ته این کیسه نمانده‌ست دگر هیچ، برو
نکند میل به بلعیدن دنیا داری؟
ما همه لال و زبان بسته و راضی به رضا
چه کسی گفته که ربطی تو به اینجا داری؟
جان هرکس که ترا هست نخوان نوحه دگر
چقدر سود ازین محشر کبرا داری؟
برسد روز سزا، گنبد گیتی گرد است
توبه کن زودتر ار چشم مدارا داری!

همینطوری!

چشم و ابروی ترا هرکه ببیند در جا
دل و دینش به تو بازد صنما دور از جان!
قد سروت چمن و روی سپیدت مشکی
سایه‌ات رنگ هویج است، لبت بادمجان!
من که از بازی چشم تو خبرها دارم
پس چرا باز ببازم سر این بازی، هان؟
من ندارم گله از جور رقیبم چه کنم
خودروی اوست هیوندا؛ خرک من پیکان!
قصه‌ی غصه‌ی دارا و ندار است، ببین
تاکه دنیاست همین است و ندارد پایان!

می‌ترسم...

سیب سرخی تو و می‌ترسم من از ضرب‌المثل
چون ترا ارزانی «دست چلاق[۱]»ی کرده است!
نام تو یلدا و می‌ترسم من از این گونه اسم،
چون ترا تشبیه بر شام سیاهی کرده است!
می‌روی از «دیده»ام، می‌ترسم از این اتفاق،
در دلم «از دل رود» را این، تداعی کرده است![۲]
می‌پرستم شعر را، می‌ترسم از ایمان خود،
واژه مدتها برای من خدایی کرده است!

---

۱. سیب سرخ برای دست چلاق خوب است.
۲. از دل برود هر آنکه از دیده برفت.

اینهمه اهریمن و می‌ترسم از آدم شدن،
نام حوا، بازهم دل را هوایی کرده است!
بوسه دادی باد را، می‌ترسم از عشقت به او،
می‌دهی دلداری‌ام: «از من گدایی کرده است»!
مرحبا گفتی به من، می‌ترسم از شاعر شدن،
ترس من با آفرینت، همنوایی کرده است!

دری وری

خاک؛ پیراهن ندارد جز یکی خاکستری
بی اتو ناشسته می‌پوشد لباسش سرسری
ساده و بی‌ادعا با کس ندارد هیچ کار
بر نمی‌آید ز دستش عشوه و افسونگری
خرده آهن ریختند این مردمان در باغچه
انتظار این بوده تا گلها کنند آهنگری؟
غنچه‌ی گل‌رو می‌آید صبح مانند عروس
کرم خاکی روی برگش هست چون انگشتری
حرف‌ها دارم ولی باید کمی پروا کنم
ربط اینها چیست، من می‌دانم و خاله زری!

بیانیه

حتا میان حجم وسیع گداز و سوز،
معلوم شد سدا به سدا می‌رسد هنوز!
ما را ببین که بی‌غم دنیا نشسته‌ایم
نور و صدا و زمزمه هر لحظه شد به روز!
تا عاشقی‌ست زنده و عشق است سینه سوز،
ما بی‌تو زنده‌ایم و نمی‌دادمش بروز!
شومینه‌ی اتاق شده جای نامه‌هات
عمرش نمی‌کشد به سحر، کاغذ نسوز!
این عاشقی برای کسی قرص خواب نیست
روی لحاف ما گل بی‌برگ و بو ندوز!

مسافر عزیز

هر بار وعده می‌دهی که می‌رسی، ببین
این خانه از برای حضور تو، زیر و رو
از زیر قالی و تشک و جیب و از زمین
بیرون می‌آید اسکناس حفظ آبرو
رومیزی تمیز و اتو قرض می‌دهند
همسایه‌های دور و بر و پشت و روبرو
وقت غذا ندارم و خاراندن سرم،
حتی مجال یک تلفن، حرف و گفتگو
دنبال آن خوراکی محبوب کودکیت
از کله‌ی سحر همه جا من به جست‌وجو

شبها که می‌رسد دل من ضعف می‌رود
از زور درد پا، که نمی‌آورم به رو
وقتی که می‌رسی بنشین خستگی بگیر
بعدش بگو دلایل تأخیر، موبه‌مو!

چند فصل

هنوز اسفندست... زمین ما سردست.
من و دو دانه‌ی سیب،
دو روز قبل بهار
سری تکان دادیم...
هنوز فروردین... لباس گل پرچین
من و شکوفه‌ی سیب
برای جوری سین،
امید خندیدیم...
هنوز شهریور، کنار یکدیگر
من و جوانه‌ی سیب

چه قصه‌ها گفتیم...
هنوز پاییزست
و عکس من با تو   به برگ آویز است
چه زود میوه شدیم
چه زود چیده شدیم!

باران بر سرت!

یک روز آخرش تو مرا می‌کشی، یقین
آن روز یاد می‌کنی از گفته‌ام، ببین!
یک روز سرد برفی و بادی به وقت عصر،
دلتنگ می‌شوی و پشیمان و شرمگین!
آن روز قطره‌ها به تو سرکوفت می‌زنند
ای بی‌وفای سنگدل قلب آهنین!

کاش

هرجا که می‌روم تو همانجا نشسته‌ای
این شهر کافه‌هاش، کاش صندلی نداشت!
هر روز یاد روزهای رفته می‌کنم
این کاش کاش‌های دلم، حاصلی نداشت!
هر روز قرص شعر می‌خورم ز بعد اشک
داروی کهنه کاش زهر قاتلی نداشت!
اینجا اسیر دیو نشستم به انتظار
این قصه کاش قهرمان بزدلی نداشت!
از عاشقی نمانده بجز عین و شین و قاف
ای کاش این الف و یا، معادلی نداشت!

هر شعر می‌زند به سرم، عاشقانه است
این سرزدن، که کاش دور باطلی نداشت!
از دست واژه سر به بیابان گذاشتم
این کاش مال تو، بخدا قابلی نداشت!

عید رطب‌های کال
پس از زمین لرزه‌ی بم...

پول‌های تانشده صاف و بی چروک
در بین صفحه‌های کتاب مقدس‌اند
از ذوق بچه‌ها و هیاهوی شادشان
اصلن نمی‌شود تو بفهمی که بی‌کس‌اند
امسال بعد زلزله‌ای سخت و بی‌امان
بسیار مردمان که ندارند و مفلس‌اند
هستند شُکر، مردمی که مال و خواسته
در راه خیر داده و پر مهر و مخلص‌اند
شیرینی و لباس نو و هدیه حاضرست
تا چند لحظه‌ی دگر، از راه می‌رسند

امسال سال ساختن شهر و ارگ بم
اما به روز عید رطبها نمی‌رسند...

دیوانه‌ی دیوانه‌ی دیوانه

جان من یک روز را دیوانه باش
بی‌خیال درس و کارِ خانه باش!
تا سر جاده بدو دنبال باد
از ته دل خنده کن خوشحال و شاد!
مبل‌ها را روی هم انبار کن
کفش‌ها را نصب بر دیوار کن!
سینی مس را به ضرب گوشت‌کوب
نیمه شب با آخرین قدرت بکوب!
از میان دوستان هشیار و مست
شوخی و تفریح کن با هر که هست!

روی بام و پنجره پشتک بزن
گاز را روشن کن و فندک بزن!
هرکسی چپ چپ نگاهت کرد؛
تو
ذوق کن
«با من بیا بپر»
بگو!

هزار خم ارشاد

افسانه شد به قصه بدل شد کتاب من
از بس که دیر گشت و نیامد جواب من
از خیر این کتاب گذشتم نیاورید
برگ رسید و سفته و صورتحساب من!

خودش می‌داند...

دل اگر کنده ز یاران قدیمی یا نه
ما از و دل نبریدیم
خودش می‌داند...
حرفها پشت سر از خوب و بدش می‌گویند
ما که چیزی نشنیدیم
خودش می‌داند...

بازارررررررررررررررررررررر

اجناس همه تقلبی، تکراری
از بی‌هنری، تنبلی و بی‌عاری
انگار همه مغازه‌های دنیا
گشتند سَقط فروشی و سمساری
گر قصد خریدن قناری داری
شاید بفروشند به تو یک گاری
هر جنس که باد کرده روی دستش
آورده جناب از ته انباری
بازار پر از بنجل و جنس چینی
باید بخری تو از سر ناچاری

هر چیز که در کشور دیگر نخرند
باید که به اینجا برسد انگاری
من هم شعری نوشتم از راست ولی
سانسور شده (سه نقطه‌ی)... اجباری!
آن روز خدا کند که فوری برسد
پیدا بشود زباله با دشواری!

بیدارباش

این واژه‌های تیز مرا دوره کرده‌اند
شعرست زنگ ساعت بیدارباش‌ها
کار از دعا و گریه و زاری گذشته است
باید که بست بقچه‌ی ای‌وای و کاش‌ها
جانی نمانده است دگر پیشکش کنیم
برچیده شد بساط نگو و یواش‌ها
دیروز بود آب و خوراک و برنج و گوشت
فرداست نوبت نمک و نان لواش‌ها...

تاوان درخت‌کُشی

می‌رسی از همه جا، می‌روی‌ام از همه وقت
هرکجا سبز تویی، این همه آیینه‌ی بخت!
آزمون دل بریان، که گرفته‌ست تنور
هیزم خشم خدایان همه سوزنده و سخت!
جانیِ سبزکُشِ ضد طبیعت همه جا
همه کاره‌ست، مدیرست و نشسته بر تخت!
آسمان دیده نشد دیگر از انبوهه‌ی برج
این همه غصه رسیده‌ست زِ نفرین درخت!

خوش پخمه‌ها

کار من و تو غیر همه عالم و آدم
در موعد ترشی تو بیا کوزه بگیریم!
هر صبح سحر یا که به هر شام شب خویش
از خون کباب دل خود لقمه بگیریم!
از نفت که داریم فراوان سر سفره
هم خامه و سرشیر و هم بهره بگیریم!
از اینهمه ویلای خفن دست بشوییم
تا خانه در انبار و ته دَخمه بگیریم!
یارانه بپوشیم و برقصیم که شاید
از کارشناسان کمکی تخمه بگیریم!

از ناب‌ترین مدرسه‌ای آن ته دنیا
ما مدرکی از رشته‌ی خوش پخمه بگیریم!

قسم به زمین و زمان برای اثبات موضوعی بسیارررررر مهم...

قسم به تشتک آن شیشه‌ها که می‌نوشی
به آن لباس مکُش مرگ ما که می‌پوشی
به لحظه‌های تلافی، به وقت خاموشی
به واژه‌های مزخرف، دم هم‌آغوشی
به گفته‌های خطرناک بعد بیهوشی
چراغ‌های قدیمی، فتیله‌ای، موشی
سوالهای روانی کننده‌ی هوشی
به نقشه‌های کشیده به شکل پاپوشی
نشانه‌های حماقت شبیه سردوشی
به تیر و قمقمه وخنده‌های مدهوشی

به اعترافهای هولناک درگوشی
سبیلهای افسر کلافه‌ی جوشی
لباسهای گشاد شبیه روپوشی
نبوغ عمه‌ی سرکار کله خرگوشی
به شیر گاو و بز و قاطران که می‌دوشی
به میل وافر گربه به تکه‌ای سوشی
قسم به هر که و هر چیز در جهان باقیست
تو حق و فخر نداری به بنده بفروشی!!!

ندارم گله‌ای...

نه دماغی نه دلی، حوصله‌ای
خوشم ازینکه ندارم گله‌ای!
خوش به حال دل شاد
دل از غم آزاد
ای امان از دل سنگ
از غروب و دل تنگ...

تجارت با خدا

سنت دلالی ایمان و دین پر رونق است
حرمت و دلها شکستن پیشه‌ای پر رونق است!
گفتگوی با خدا در دفترش ممکن نشد،
کار منشی‌های قلیان چاق کن پر رونق است!
بین «دینداری» و «دین ترسی» یکی را خط بزن
آزمون تستی دین باوری پر رونق است!
کار مردم بت پرستی با یکی سنگ سیاه
تا سیه دل را خم رنگ عزا پر رونق است!
اشک و آه و ماتم و زاری و غم بالاگرفت،
در بساط دین فروشان «زیر» هم پر رونق است!

او کباب و منقل و داغ جهنم مال تو
راستی، در نزد اینها «سیخ» هم پر رونق است!
من خریدار خدای توی دکان نیستم
در شگفتم تا تجارت با خدا، پر رونق است!

رفیق ناباب

من ازین شنبه به سیگار نگاهی نکنم،
خط خطی کرده‌ام آن
عکس خوشایندش را...
اگر اصرار کند بازکسی بعدِ غذا،
نارفیقست:
خدا،
نرم کُند دَندَش را!!!!

نامه‌ام چه شد؟

نامه‌رسانِ باد،
حواسش نبود جمع؛
پیغام من رها شده در کشتزار و کِشت
دل را زِ مَن گرفت رسانَد به یار من؛
هیچَم خبر نشد که رسانید یا بِهِشت؟
اینجا نشسته‌ام به امیدی که بادِ گول،
آن نامه یابد و برساند به سرنوشت
شاید که نامه‌ام برسد دست آنکه او،
دعوت کند مرا به خانه‌اش تهِ بهشت!

رفتی در فهرست سیاه

نامه را تمام کردم؛
نامه‌ای پر از تهدید...
هرچه بُد گفتنی، گفتم
بی‌هراس و بی‌تردید!
نامه‌ام بی‌امضا بود
هر که خواندش و خندید،
جمله‌ی واپسینم را
با خِرد همی سنجید:
فیلم «زاپاتا» را
هم تو دیده‌ای هم من،

این نامه بی‌نامست به این سبب؛
برادر من!

سهم آدم

لولای عقل هرز شده، پیچِ آن جدا
از جیرجیر دایمش، کلافه شد خدا
آخر چرا کسی به خِرد رو نمی‌کند
بِکر و سَترَوَن است همه مغزهای ما؟
انگار هرچه عقل بوده سهم آدمی؛
جایی کنار میز خدا مانده است جا!

آرزوی سال نو

شمع امیدواری این خانه روشن است
نوروزتان خوش و دلتان شاد و سر؛ بلند!
امسال گاه شادکامی است و خوشدلی
بختت بتازد و نشود بسته‌ی کمند!
ایران هماره دور ز نیرنگ اهرمن
نیکان این سرا نشود خسته‌ی گزند!

بی‌مروت

از دم دروازه‌ی یادت، گذشتن مشکل است
دیدن رویت نه کار دیده، که کارِ گل است!
هرکه می‌پرسد چرا
بر این ستمگر عاشقی؟
من فقط می‌گویم:
آخر
بی‌مروت،
خوشگل
است!

پیدایت نیست!؟

تو فلانی هستی
بچه معروف محل؟
خوش سر و پا اما
کلک و رِند و دَغل؟
هیچ پیدایت نیست
به چه کاری مشغول؟
نکند دور از جان،
شده‌ای اهل عمل؟

همیشه

همیشه تنگ در میان گرفتنت، ما را
مثال زنده‌ی انگشتری و انگشت است...
همیشه دست محبت نمی‌کشند به سر،
بسی که ناز و نوازش جواب را مُشت است!
چه فایده، که بِپایی یَمین و پیش و یسار
همیشه خنجر خائن،
حواله از پُشت است!

زخم معده

آتش آن شب جان نداشت
میهمان باد شد،
پخت و پز را واگذاشت...
باد آش شعله پخت
آتش اما باز هم؛
نای پر خوردن
نداشت...
آش شعله سرد شد؛
آتش از جا پا نشد،
هیچ‌کس چیزی نخورد؛

باد،
زخم معده
داشت!

نباید

از درون قاب عکست می‌کنی بر من نگاه
بابت احساس دوری، سخت من در اشتباه!
هرگز از من دل نکندی، روز و شب پیش منی
فکر رفتن هم نباید کرد، مانند گناه!

نیست که نیست

از چشم و سینه و جگر و قلب آدمی،
این را که سیخ می‌زنی، اسمش کباب نیست!
از تیغ زبانت که نگوییم بهترست
این را که پاره می‌کنی، اسمش کتاب نیست!
توجیه می‌کنی که چرا ظلم کرده‌ای
این حرف‌ها از سر رأی صواب نیست!
هر بار گفته‌ای و خلافش نموده‌ای
این وعده‌های داده شده، بی‌جواب نیست!
وقت سخن سرایی و گفتن، تو در عتاب؟
این شیوه‌ی تنوره کشیدن، خطاب نیست!

این ضربه‌های کاشته بی‌حاصلند و بس،
این رأی داورست: نشد؛ گل حساب نیست!

خانه تکانی

شب عیدست و ما هم از در و دیوار آویزان
همه در حالِ دو،
خوشحال،
بعضی هم عرق‌ریزان...
چه خوشبخت است این خانه،
عجب محکم پِیی دارد
نکرده هیچ عیبی
تا تکاندیمش به این میزان!

دسته گل

یک دسته گل برای دلت چیده‌ام
ولی
از آب دادنش،
همه سَرباز می‌زنند!

چیزی در چشمت رفته؟

خوب می‌فهمم نگاهت را،
نگاهم کن ولی
سطر سطر گفته‌های چشم تو
مفهوم نیست...
پلک برهم می‌زنی امشب،
نمی‌فهمم چرا
این که می‌گویی گمانم:
با زبان خارجی‌ست!

یک کلاف نخ

این همه نخ داده‌ای تا حال گشته یک طناب
تا دل شب می‌نشینی و پیامک می‌زنی!
این طرف، از بهره‌ی هوشی ندارد یا نصیب
یا نمی‌فهمد و تو با کور چشمک می‌زنی!
شاید او مردان جدی دوست دارد جان من؛
تو برایش پشتک و
وارو
و جفتک می‌زنی!

قضیه این بود...

دَر رسید از روم مریم،
تلخ،
شیرین گشته بود
خسرو را خنجر نزد،
فرزند مریم زد به مشت...
تیشه‌ی فرهاد
از پولاد مرغوبی نبود
زَهر؛ مریم را نمیرانید،
شیرین‌اش بِکُشت!!!

همه حق دارند

در بلوکِ غربی امشب جشن و مهمانی به پاست
تا سحر بی‌خوابی و سرسام هم؛ مهمان ماست
کارمندان را به مهمانی و خوشحالی چه کار؟
شب نخوابی، روز بعدش، در اداره ماجراست...
حق مردم شادی و مهمانی است و جشن و سور؛
شغلِ بد، دیوارِ نازک، جان من تقصیر ماست!

کودکان کار

هر لحظه می‌کنم دعا که دست روزگار
برچیند از زمین بته‌ی کودکان کار...

دورَندِگی

دور بزن، جاده هموار نیست
جزتو، ترا
یاورِ غمخوار نیست
دست مَبر پیش، بکن احتیاط
آنکه گزنده‌ست،
فقط مار نیست!
جانب پرهیز بگیر و برو
بهتر ازین جانِ دلم،
کار نیست!
آیینه را هم تو نگاهی بکن

راهنما، خفته و
بیدار نیست!
یاد نکن از در و همسایه‌ها
روزی تو،
بر سرِ دیوار نیست!
دور دو فرمانه بزن، آفرین!
دور زدن؛ آنهمه
دشوار نیست...

پیاز... پدر!

فلان فلان شده این لعنتی پیاز ببین؛
چطور اشک ز چشمم می‌آورد
بیرون...
زِ بس که کار زیادست و دست تنهایم؛
شدم زِ دست پیازِ چمن پدر
دل خون...
سه بار رنده،
خوب چرخ و
هم لِهش کردم؛
گذاشتم که بجوشد

دوساعتی افزون...
هنوز چشم و دهانم شدید می‌سوزد
رسیده داد من بی‌پیاز تا گَردون...

ناپرهیزی

دیروز برای جان فغان می‌کردی
از او طلب دمی «امان» می‌کردی
امروز خرت گذشته از پل انگار
دیدم که شراب نوش جان می‌کردی!

رژیم می‌گیریم آی رژیم می‌گیریم

از شنبه رژیم لاغری می‌گیریم
سبقت ز ملیحه و پری می‌گیریم
هرکس بتواند این غذا را نخورد
دورش همگی قاب زری می‌گیریم!

چه شد؟

بحث نان و کار و آزادی شد و آرزاق و نفت
صحبت ازینکه
گروگان رفته «هشتت» پیش «هفت»...
هیچ‌کس راضی نشد از خود گذارد مایه‌ای
این شد آخر،
عقل با احساس
دعوا کرد و رفت!

زیبای بیمار

یک نفر از عشق دیدارت به جان افسرده است
خنده‌ی پرقیمتت را هم همو، در بُرده است
گرچه تابستان و گرم است و خدا نان می‌پزد
من گمان دارم که حتماً ماه، سرما خورده است!

به ایران رسیدم...

سال‌ها نبوده‌ام اینجا
چقدر درد دل دارم
آشناست این کوچه‌ی باریک...
زعفران، برنج ایرانی
عطر قرمه سبزی و قیمه
نانِ سنگگ، دیزی و ته دیگ...
از دورها رسیده‌ام اما
نیستم هیچ خسته‌ی راه
نرم نرمک می‌شوم نزدیک...
دست می‌دهد کلون در با من

غربتم می‌پرد از یاد:
برگشتی؟
خوش آمدی، تبریک!

شعرِ تر

شاعر حمام رفته،
شعر جانش نم کشید
تا بگوید شعر تر درباره‌ی روز وداع،
چایی نعنا و لیموی عمانی
دم کشید!

کمی بهار

هر ماهی خیال که دارد سرِ فرار
در تور می‌کشم که بگیرد دمی قرار
با یادی از حضور تو از ژرف چاه دل
من می‌کشم به دلو صبوری کمی بهار!

از تو به تو پناه می‌برم!

خدای من، نشانی‌ات دگر شده شاید
که حال و روز مرا چشم تو نمی‌پاید!
کجا گذاشته‌ای رفته‌ای که عمْر مرا،
بدون بودنِ تو، لحظه‌ای نمی‌باید!
همیشه چشم به راهم کنار زایشگاه
که مام لطفِ تو از بهر من چه می‌زاید!

سبزه‌ی زودرس

حلول سبز نگاهت چنان اشارت کرد
میان دی، همه در جستجوی نوروزند
بجای برگ و گیاه و چمن میانه‌ی برف
به رنگ سایه‌ی چشم تو، چشم می‌دوزند!

دست مریزاد!

این که زنگ می‌زند مزاحم نیست
دزد است، دزد تخته و تاس
طفلکی زنگ می‌زند بی‌حرف،
هدفی دارد او گرفته تماس
اگر که نیستید در خانه؛
برسد خدمت شما با داس
درو کند هر آنچه می‌بیند،
سر صبر و با کمی وسواس
نگو که شیوه‌ی او کهنه است و معمولی،
برای کار خودش ارج قایل است و کلاس!

تعبیر خواب

یک گربه روی بند، آفتاب می‌خورد
از شیرِ حوض، سنجد و عناب می‌خورد
پولِ زیاد، جمع شده گوشه‌ی حیاط
یک فیل توی تُنگ، پیچ و تاب می‌خورد
با سایه‌اش نشسته عروسک کنار حوض،
با چای تازه دَم، هل و قطاب می‌خورد
تعبیر شد که
«خواب زن چِیست جان من
اینها به درد فیلم یا کتاب می‌خورد!»

تنگ و گشاد

گرچه جایم تنگ و
دل تنگ و
دو دستم تنگ‌تر
هیچ باکم نیست تا بینم
گشاده روی تو...

عشق میهن

سر به خاکت می‌نهم میهن،
نمازت می‌کنم
سینه را آگنده از
ناگفته رازت می‌کنم
هرچه عشق پاک می‌خواهد دلت
از من بخواه،
من به تو سوگند خوردم
بی‌نیازت می‌کنم!

ای که خاکت بهتر از زر آمده

عشق تو در دین و دفتر آمده
هیچ می‌دانی دل از کشتارگاه
نزد تو بی‌پا و بی‌سر آمده؟

یک کارمند باادب و ناز

ببخشید حضرت آقا،
«نامه‌هایم برگشت می‌خورند چرا؟»
بله؟
به ما نیامده
«این فضولی‌ها؟!»

امان!

ز هیچ‌کس نخواستم بیاورد خبری
نخواستم که ببینم ز هیچ چیز اثری
امان ازین تلفن
هرچه می‌کشم از اوست
نشد نفس بکشم
یک نفس
ز بی‌خبری!

اعصاب ندارد!

سلام و روزتان خوش باد گفتم من به راننده...
نه پاسخ داد نه حتی، نگاهی یا که یک خنده!
تو می‌دانی که با خود جنگ دارد یا که با بنده؟
«تمام دنده و فرمان ماشین را ز جا کنده!»

مسافر شمال

دربه‌در،
می‌دوی در پی بلیط؛
بی‌توجهی به دار و سبزه و محیط...
جاده‌ها پر از زباله، ساحِلِ کثیف؛
جان من
سفر نکن که می‌شوی
تو خیط!

یادت هست خدایا؟

ای خدا یادت می‌آید روز اول
ساختی؛
روز سوم
از برایم همسری
پرداختی؟
روز پنجم
تا بفهمم فرق گندم را ز سیب،
روز هفتم:
با خشونت بر زمین
انداختی!؟

موضوع آن چیزی که فکر می‌کردی نبود!

چند موشک ساختم از صفحه‌های دفترم
بلکه رویش را بچرخاند به سویم، مادرم...
تا حواسش را کنم پرت از کثیفی‌های فرش،
می‌کنم موشک پرانی،
مو بِماند بر سَرم...

سبزه رو

یک دهان سرخ داری،
مثل گیسوی شفق
چشم و ابرویت سیاه و
تیره‌ای،
مانند شب...
روی بوم زندگی حتماً خدا عشقش کشید،
چهره‌ات را با ذغال و
رنگ مشکی:
چون رطب!

جنس گرویی!

نکند او پس ازین، هیچ نگاهی به پلو
سفت و سخت است رژیمش،
شرفش رفته گرو!
امشب از قبل به شامی شده است او دعوت:
حیف باید که فراموش شود
جنسِ گرو!

هدیه

کیف من پر از مهرست
گرفته‌ام شادی در مُشت
برای روز میلادت:
هدیه دارم
ریز و درشت!

چه کارها که نکردی...

یک فصل از تعهد،
دیروز دوره کردی
از سوز، آیه خواندی،
از عشق، سوره کردی
با این هدف که یادت
در خاطرم برقصد،
با ساز خوش خیالی،
هی زنجموره کردی!

آخ خ خ!

آخ ازین آه‌های خسته‌ی تو
آخ ازین عهدِ درشکسته‌ی تو
دست کم یک نظر جواب بده؛
آخ ازین چشمهای بسته‌ی تو!

زادروزت فرخنده باد!

عشقِ بی‌شک دلِ بی‌لک
قصه و نور و عروسک
گوهر و لاله و پولک،
دمِ بی‌غم ره بی‌چَم
همه را هدیه‌ی این روز برای تو عزیز،
از خدا خواسته‌ام:
زادروزت خوش باد!

تصمیم

فرفره، شادمانه می‌رقصد
فوتِ باد، می‌زند برایش دست
اسکناس اسکناس می‌خندم
قلکم، دوباره شکست
مشت‌هایم پر از تصمیم:
پول،
سهم
خیریه
است!

نیایش

می‌خواهم از ته دل و ژرفای جسم و جان،
آرامش و سعادت اهلِ همه جهان...
می‌خواهم از بُنِ دل و دندان؛
که نشنود، گوشی به جز صدای نسیم و پرندگان...
امیدوارم از گل شادی و صد بهار،
سرشار و پرشکوفه شود جان مردمان...
کارم زِ دیرباز، دعاکردنست و بس
یزدان جواب می‌دهدم زود،
بی‌گمان!

اینجوری‌هاست...

خبر نباشدش این شهر از حساب و کتاب
هزار مساله دارد،
نمی‌رسی به جواب
به نظم و حوصله راهی نمی‌بری جایی
به پول چایی و شیرینی است و
حق و حساب!

باز

این کلاف آخری تا آستین کت رسید
باز،
لازم دارم از این رنگ و جنس قرقره
باز،
اگر گیرم نیاید عین این رنگ و نخش؛
باز،
گیر تو می‌آید یک کت بی‌خرخره!

کله پاچه‌ی مردم

تازگی‌ها سخن کهنه خریدار ندارد جانم
سخن تازه برو از در یخچال بیار
از دل و روده‌ی مردم چه خبر داری هان؟
برو از کله‌پزی، آن‌ور بازار بیار

هلو تَر!

نه دیگر،
این یکی چنان زیباست
که از «هلو»
کار بر نمی‌آید!
خدایا اگر می‌شنوی
لطفاً:
میوه‌ای جدید
می‌باید!

استخاره

کتاب چشم ترا بازکرده تقدیرم
که استخاره کنم،
با اشاره درگیرم...
چگونه صفحه‌ی چشمت
نخوانده خورد ورق؛
که خوب آمده:
دارم از عشق
می‌میرم؟!!!

واقعاً که!

به خیالم نگاه لبت می‌گفت،
که تو:
«چند بوسه می‌خواهی»
ولی صدای قُرقرِ شکمت،
گفت که:
«سمبوسه می‌خواهی»!!!

خوش به حال چشم خمارت

بین تنهایی شب دلهره‌ها سوت زدم
تا که دعوا نشود باز،
وساطت کردم
همه جان پر شده از تو، زِ همین روست اگر
به چنین جای تو خالیست هم،
عادت کردم
عکس رویای تو در قاب و شب و بیداری
من به آن چشم پر از خواب،
حسادت کردم!

شعری پر از پرنده...

چون کبوتر
تنگ چشمان را به کویت منزل است
این خروس جنگ دیده،
از چه رو نامش دل است!
اینهمه طاووس سنگی،
قلبهای بی‌عبور
باز می‌پرسی چرا
از عشق خواندن مشکل است؟

مطمئن هستی؟

من هزاران حرف دارم با تو، صدها گفتگو
از سفرهای نرفته، از گذشته، روبرو
مطمئن هستی نمی‌خواهی بمانی بیشتر؟
می‌توانم تا قیامت با تو همدردی کنم
با تو تا صبحِ سحر، در کوچه شبگردی کنم
چای می‌خواهد دلت با طعم نعنا و هلو؟
دوست داری تاب خوردن از درخت نارون
یا اگر گرمت شده، دوغ خُنک با بادزَن
توی باغ کودکی‌ها سَر کنیم و جستجو؟
در هوس هستی برای کیک داغ و بستنی

یا کنم حاضر برایت گونه‌ای از خوردنی
هیچ سر حالت می‌آرد سفره‌ای خوش رنگ و بو؟
من همینجا حاضرم بسته کمر، دربند تو
دوست دارم تا ببینم شادی و لبخند تو
دوست می‌داری بگویم باز این را، موبه‌مو؟
مطمئن هستی نمی‌خواهی بمانی بیشتر؟

باز... نکن

من به تو دل بستم
گره‌اش،
باز نکن!
به تو دلخوش هستم
ناخوشش باز،
نکن!

سکته‌ی ملیح

پرسید از صمیم دل گفتی،
یا که شوخیت گرفته بود
ایَدر؟
گفتم که در سراسر عمر
نبوده‌ام از آن لحظه،
جدی‌تر!
دوستت می‌داشتیده بودم:
خیلی از قدیم
نَدیم‌ها
تَر!

مثل تو عالی

مطمئنم خبری می‌آید
دل به من گفت،
زدم هم فالی...
خبری از تو و از آمدنت
خبری معرکه و جنجالی
زود باش اینهمه تأخیر نکن
شسته‌ام پرده و رخت و قالی
می‌کنم رقص و به خود می‌گویم
با دلی پر شده از خوشحالی:
مطمئنم خبری در راهست

خبری مثل خود تو
عالی!

نمی‌دانید که هستیم؟

ما خامه و سرشیریم، شیر و شکلاتیم
ما چایی و نسکافه‌ی همراه نباتیم
ما از ژن برتر ثمر آب حیاتیم
ماییم فلان زاده و خودگُنده و لاتیم
ما دورترین فاصله از راه نجاتیم
ما خاطره‌ی تلخ تمام سنواتیم
ما شادترین مختلسان برواتیم
ما دشمن آرامش و دزد کلماتیم
ما خشک کن چاه و تمام قنواتیم
ما شکل به هم ریخته‌ی هر چه ثباتیم!

اخبار

می‌رسد از در و دیوار خبرهای سیاه
جرأتم نیست
خبر گوش کنم یا که نگاه...
می‌شود یک سرِ سوزن دل ما شاد شود؟
همه زندگی و عمر و خوشی
گشته تباه...

کوی کلاه مخملی

هر بار ازین کوچه که من می‌گذرم
دل می‌گوید هست کسی پشت سرم
شاید پس دیوار یکی کرده کمین
تا تیزی خود را بزند بر جگرم
من هیچ ندارم به خدا با کس کار
مرغی سر و پا شکسته بی‌بال و پرم
یک شازده‌ی غمزده‌ی عهد قجر
یا اینکه یکی راهیِ بی‌همسفرم
یک درزی بی‌پارچه و بی‌دکان
انگارکه هیزم شکنی بی‌تبرم

از اصل نیفتادم و از اسب چرا
بی‌تاج و کله پادشهی بی‌کمرم
از درد کسان درد می‌آید دل من
از حزب فلان نیستم و کارگرم
از مرکز طوفان سیاست دورم
در حاشیه سربازم و بازنده سرم
با اهل محله درنیفتی اما
اینجا قُرق منست و این دور و برم
افسانه‌ی من نام سرکوچه شده
یک تابلو هم نصب شده روی سرم...

راه انداختن سفری

از لطف بیا چند قدم با من راه
تا با نفس حقِ تو از در گذرم
یک شاخه‌ی بویا تو سرِ دست بگیر
وان آب دعا را یله کن پشت سرم
اسپند بر آتش که بریزد دستت
دیگر نکنم واهمه از دور و برم
با نام خدا سفر که آغاز کنم
باشی تو همیشه، هر کجا در نظرم!

جاوید ایران

من از ایزدان یاوری خواستم
به زاری نشستم و برخاستم
ازین غصه بارید ابر بهار
به هر خار و گل بوته، هر جویبار
که ایران من سرد و ویران شده
تهی از مهان و بزرگان شده
وجودم همه آتش و آگرین
بخوانم دمادم به او آفرین
نمی‌خواهم از گیتی و این جهان
به جز شادی و سور این مردمان

که ایران ما دور باد از گزند
بُود نام نیکش به هر جا بلند
و می‌خواهم از آسمان برین
که دیگر بیاساید از قهر و کین
مباداکه نامش به پرخاش و لاف
برد اهرمن بر زبان با گزاف
که من دشمن ترس و ویرانی‌ام
از آزادگانم، من ایرانی‌ام
بمان تا ابد ای وطن جاودان
بدور از بلای زمین و زمان
رسد روز خوبت دم شادی‌ات
ببینم به چشم خود آبادی‌ات
تو ای تاج زرین به فرق جهان
گرامی‌ترین گوهری بی‌گمان
سر پر شکوهت بماند بلند
ز تو دور باشد دد آزمند
تو ققنوسی، امیدخاکسترت
بپای و به پاخیز از بسترت
نبینم ترا با درفش سیاه
به سر برکش آن خسروانی کلاه
نشینی دوباره به تخت مهی
منت می‌دهم از خوشی آگهی...

زن پوشی

در اندرون من
کسی از جنس شیشه هست
در ساقه‌ام
نشان بسی زخم تیشه هست
من درد زاده‌ام
ولی از جبر روزگار
زن پوش و زن نما شدم:
اینها کلیشه است!

ما همه ایرانیم!

ما کرد و مازنی و بلوچیم و ارمنی
تات و لک و لریم و جنوبی و آذری
افغانی و کویری و تاجیک و گیلکیم
از نسل کورشیم و سراینده‌ی دَری
ایران برای یک یک ما دُر و گوهرست
هرگوشه‌ی مقدس این خاک مادری...

روغنفکری

هر روز دَم؛ از غم فرهنگ می‌زنند
با سازکوک ناشده آهنگ می‌زنند
بی‌نُت، بدون دانش موسیقی و صدا
بی‌مایگانِ غرب ستا، وَنگ می‌زنند
بر کشورم که سرو بلندش خمیده است
نوکیسگان یک‌شبه‌ای اَنگ می‌زنند!
جای بدی و خوبی دنیا دگر شده
شیطان ستودنی؛ به خدا سنگ می‌زنند!
از ریسمان و تخته به زنجیر و زلف یار
هر چیز را که فکر کنی چنگ می‌زنند!

هر روز کربلاست درین خاک تیره شام
صحرای محشرست دف جنگ می‌زنند!
دلسوز سود و منفعت و جیب خویشتن
با یک اشاره روی شما رنگ می‌زنند!
باور نمی‌کنی تو سراغ از خودت بگیر
پایش بیفتد از تو به تو زنگ می‌زنند!

بس است دیگر

از روزهای تنبل و از جمعه‌های سرد
از خواب نارسیده و از سختی نبرد
از دستبرد روحیه با زور رنگ زرد
از زجر حق‌کشی
که ندارد
چه زن چه مرد...
دیگر شدیم خسته که هی:
درد و
درد و
درد!

فزای مجاظی

شمع و گل و پروانه و قلبی زیبا
بر یک دل شوریده دلالت دارد
یک نیمه که از چشم طرف پیدا هست
با یک صنم خاص اشارت دارد
یک عالمه شعرهای پرسوز و گداز
معلوم نشد از که شکایت دارد
عکس از: «من و این شام و ناهارم یهویی»
او اهل گزارش است و عادت دارد
اینجا تبلیغات کذایی هم هست
شک نیست که تصمیم تجارت دارد
این لایک، شده واحد پول همگان

اندازه‌ی یک خزانه قیمت دارد!
فرزانه‌ی گوشه‌گیر در پیله‌ی خود
دنیای جدید بس‌که سرعت دارد
شاخ و دُم هر لات مجازی بیرون!
بیننده ازین منظره وحشت دارد
اندر دل این فضای پر رنگ و مجاز
هر چیز بگوییم عقوبت دارد!
از ارتش نرم سایبری یا که فتا
هرکس که نترسیده و جرأت دارد؛
یا آنکه نوشت و کرد اظهار نظر
باید بپذیریم شهامت دارد!

بافگردن

یکی به زیر
یکی رو
همه بغل‌ها را
به دور گردن تو
عاشقانه
می‌بافم...

دانش در جووووووو

در خوابگاهِ یک مکانِ سخت دولتی
دادند یک اتاق،
پس از چند و نوبتی...
یک ارتش از پشه؛ مگس و سوسک‌های ناز
گفتند:
خوش نیامدی ای کفش صورتی!
هر روز مشکلی و گرفتاری و غمی
دندان گذاشتم به جگر
با چه زحمتی...
هر هفته قرض می‌دهم از پول تا لباس

بر خیل بی‌شمار
گدایان پاپتی...
یخچال خالی است دریغ از کمی پنیر
گاهی از آن اتاق رسیده‌ست
املتی!
دوران درس و دانش و این حرفها گذشت
یک مشت لات لوده و معتاد لعنتی؛
از ناکجا رسیده پایشان به این مکان
برپا شده‌ست
معرکه‌ای و قیامتی!
این روزها همه به فضا دل سپرده‌اند
دارند با حشیش همه انس و الفتی
معنای درس و مدرسه از یاد من برفت
حتی نشد
بخواب روم چند ساعتی!
گفتند نمره‌هات چرا کم شده
چطور؟
اینجا که خوبی و خوشی و هم سلامتی!
اصلاً خبر نداشت کسی از شرایطم
منهم نگفته هیچ و
نکردم اشارتی!
دانش درون جوست نفهمیده‌ای هنوز؟
آن را درون درس نجو،
مغز خط خطی!
اسمش مشخص است: خوابگه؛ جای خواب...

دیگر چه موردی
چه توقع، چه صحبتی؟
هر دختری که آمده در خوابگاه ما
اینجا شده بتول بتی، فاطمه، کتی!
جای سرود و گفته‌ی استاد پر ملال
ما گوش می‌دهیم به
شهرام صولتی!

عاشق ایرانم

خراب کاشی فیروزه‌ی سپاهانم
شهید ترمه‌ی یزد و گلاب کاشانم
مرید قالی تبریز و تیغ زنجانم
گلابتون بلوچی‌ست قاتق نانم
نبات و زرپران ویژه‌ی خراسانم
پَته و قُوتو و زیره‌های کرمانم
رفیق راه نمدهای نرم گرگانم
نسیم آب جنوب است درد و درمانم
صدای ساز شمال است دزد ایمانم
خمار رقص دل‌انگیز و شاد کُرسانم

سکوت دشت و کویرم؛ گل لرستانم
فدای جای جای خاک پاک ایرانم!

از خود مایه بگذاریم!

ای‌کاش به جای بد و بیراه به هم
در عرض ادب روده درازی بکنیم
هنگامه‌ی خشم جای خواهر مادر
با شکل درست واژه سازی بکنیم!

هرگاه که فحش و ناسزا لازم بود
دوری ز مزخرفات واهی بکنیم
کاش از خر و میمون و شتر، گاو و الاغ
روزی بشود که عذرخواهی بکنیم!

به نمک‌نشناسانی که مادر آزاردیده‌ی خویش را لگدکوب می‌کنند...

یکی نوشته که کوردم! یکی نوشته که: لور!
یکی نوشته که تورکم یکی نوشته نه جور؟
یکی به گرگ نسب برده آن یکی زالاغ
یکی حواله‌ی آن دیگران نموده چماق!
به سرزمین گل و بلبل و چکامه و مهر
ببین به جای سرودن، کشیده کار به معر
کجای چهره‌ی هرکس نوشته است که هان
منم نواده‌ی یارو، فلانی و بهمان؟
هنوز در پی: من از تو بهترم انتر!
ز طول گوش دراز خودش نبوده خبر...

تو مادرت ز فلان تیره بود و ناپاک است
ولی هزار پس و پشت من ز افلاک است!
به جان هموطنت می‌زنی چو آتش در
سزاست یونجه خوراکت، بلا به نسبت خر!
خدا اگر که بخواهد به ما بها بدهد
به مغز پوک شما کاشکی شفا بدهد!
تعصب بَدَوی کور کرده است ترا
ز خود بپرس چه بود اشتباه من و چرا؟
ز کین و عقده جدا شو که می‌زنی درجا
ببین جهان به کجا می‌رود، تو رو به کجا؟
بجای ساختن سرزمین خود، آباد
تلاش می‌کنی که ما شویم دشمن شاد؟
به نام نامی ایران قسم به دلسوزی
در آتشی که بپا کرده‌ای تو می‌سوزی!

شادنوشته‌ی نوروزی

دلت شاد باشد هوایت بهار
که بختت بلند و امیدت هزار...
همه نیکی و مهر و هم دوستی
زمین و زمانه کنندت نثار...
به هر آرزویی که داری رسی
بهی، تندرستی، خوشی، بی‌شمار...
چنان شاد باشی که اهریمنان
ز اندوه زاری کنند و هوار...
ز دارایی و مال و هر خواسته
شود صف در خانه‌ات صد قطار...

نشیند به بامت سرور و مِهی
چُنان شبنمی بر سر سبزه‌زار...

بدخط...
یک ترانه

یه نامه نوشتم برات ای عزیز
یه نامه پر از عشق و سوز و بریز
تو نامه پر از شِکِوه و اشک بود
یه نامه که توش حسرت و رشک بود
توی نامه گفتم که از گُل، سری
میون گلا، از همه بهتری!
یه نامه پر از درد و دلواپسی
تمامش پر از قصه‌ی بی‌کسی
یه نامه پر از لکه‌ی جوهری
نم از اشک و از بوسه‌ی سرسری

توی نامه گفتم که از گُل، سری
میون گلا، از همه بهتری
نوشتم که خطم بَده، نازنین
تو عشق منو مثل خطم، نبین
به خرچنگ و قورباغه‌ام اعتنا
نکن، عشق من هست امری جدا!
توی نامه گفتم که از گُل، سری
میون گلا، از همه بهتری
خدایا خدایا خدایا، خدا
دعا می‌کنم آخر نامه‌ها؛
با این دست‌خط کج و کوله، باز
نوشتن بتونم از عشق و نیاز!

رفتی یا میری یا چی؟

اگه جونی باقی مونده باشه وقت رفتنت،
واسه بدرقه‌ت می‌آم، آب بریزم پشت سرت
آب می‌گن روشنیه! عمر سفر کوتاه می‌شه
چون باید عوض کنی لباسای خیس و تَرِت!
میارم بهونه تا یه وقت نیام تا دم در،
می‌دونی اگر بیام، دلم می‌شه دربه‌درت!
وقتی برگردی دیگه هیچی مثل گذشته نیست،
بیا بگذر از سفر، جون عزیز پدرت!
گاهی وقتا که دلم تنگه و آروم نمی‌شه
فکری‌ام، زیادی طول کشیده اینبار سفرت!

خیلی وقته اینجا هیچ نامه رسونی نیومد
زن گرفتی نکنه؛ بلند شده زیر سرت؟
داره غمگین می‌شه این شعر و نمی‌خوام که بشه
نمی‌خوام خبر بدی اصلاً نیا خیر سرت!

خودت یه کاریش بکن!

ابرو متهم نکن اگر چشات بارونیه
غصه پارتی داره اینجا: خوردنش قانونیه!
با دو تا شعر تر و می همه غم‌ها رو بشور
غصه رو فراری دادن به همین آسونیه
از خدا شِکوه نکن دل اونم از ما پُره!
راز تو حراج نکن حتا اگر ارزونیه!

عشق یعنی

عشق یعنی؛ باتو می‌مونم
کنارت
هرکجا باشی
برات قلبم رو می‌شکافم
بتونی
تو دلم جاشی!

چارشنبه سوری

آتیش چارشنبه سوری
بوته‌های جور واجوری
فشفشه تو دست مردم
آجیل و میوه تو دوری...
تو تمام کوچه‌ها
گذرا، خیابونا
مردم از شادی می‌رقصن
گرما مهمون دلا...
بوته‌های زرد و روشن
مهر و شادی تو دل من

باشه سور و نور و پرتو،
هر چی عشقه تو دل تو...
زردی من مال تو، باشه سرخیت مال من
شعله‌ی گرم امید:
به دل ما سر بزن!
گوشه‌ی کار و بگیرین، اگه پولدار یا فقیرین
دیگِ «آش دُنگی» رو بار
هیچکسی نمونه بیکار...
سال نو میاد به زودی؛
میگه تو چکاره بودی؟
پاشو دلخواه یا که زوری
بپر از آتیش سوری...
«چَک دوله یا فال کوزه»
بشینیم شعر بخونیم
هر چی اومد فال نیکه
قدرشو خوب بدونیم...
ما می‌ریم «قاشق زنی»
با یه چارقد زری
آجیل و میوه بده،
آی تو که پشت دری...
زردی من مال تو، باشه سرخیت مال من
شعله‌ی گرم امید:
به دل ما سر بزن!
آجیل مشگل‌گشا می‌دن،
تو هم دلمه بپز

هر کسی دیدی
تعارفش بکن
سقز و گز...
«خاتون آردی» میاد
خونه باید تمیز بشه
زود باشین دستمال بیارین
لک نمونه رو شیشه...
اگه «فال گوش» وایساده
کسی سرکوی و گذر
حرف خوب بهش بزن
لذت کارتو ببر...
«تخم‌مرغ و کوزه» بشکن
یا که «شال اندازی»
گره از پیشونی واکن،
همه باشن راضی...
زردی من مال تو، باشه سرخیت مال من
شعله‌ی گرم امید:
به دل ما سر بزن!
سنتای یادگار،
خوش بمونین موندگار
غصه از اینجا برو،
خبرای خوش بیار!